BEI GRIN MACHT SICH IHR WISSEN BEZAHLT

- Wir veröffentlichen Ihre Hausarbeit, Bachelor- und Masterarbeit

- Ihr eigenes eBook und Buch - weltweit in allen wichtigen Shops

- Verdienen Sie an jedem Verkauf

Jetzt bei www.GRIN.com hochladen
und kostenlos publizieren

Florian Rübener

Analyse des 24. Gesanges aus Homers "Ilias"

GRIN Verlag

Bibliografische Information der Deutschen Nationalbibliothek:

Die Deutsche Bibliothek verzeichnet diese Publikation in der Deutschen National-
bibliografie; detaillierte bibliografische Daten sind im Internet über http://dnb.d-
nb.de/ abrufbar.

Impressum:

Copyright © 2006 GRIN Verlag, Open Publishing GmbH
Druck und Bindung: Books on Demand GmbH, Norderstedt Germany
ISBN: 978-3-656-47520-0

GRIN - Your knowledge has value

Der GRIN Verlag publiziert seit 1998 wissenschaftliche Arbeiten von Studenten, Hochschullehrern und anderen Akademikern als eBook und gedrucktes Buch. Die Verlagswebsite www.grin.com ist die ideale Plattform zur Veröffentlichung von Hausarbeiten, Abschlussarbeiten, wissenschaftlichen Aufsätzen, Dissertationen und Fachbüchern.

Besuchen Sie uns im Internet:

http://www.grin.com/

http://www.facebook.com/grincom

http://www.twitter.com/grin_com

Homers Ilias

Analyse des 24. Gesanges

Die Ilias des Dichters Homer ist ca. 750 v. Chr. entstanden und stellt in epischer Form 51 Tage des, fast 10 Jahre andauernden, trojanischen Krieges dar. Der Krieg selbst gerät jedoch mehr in den Hintergrund der Erzählung, als vordergründiges Thema wird die Auseinandersetzung zwischen Agamemnon, dem Oberfeldherr der Achaier und seinem stärksten Kämpfer Achilles, behandelt.

Szenen und Handlung

Zu Beginn des, nun zu untersuchenden, 24. und somit letzten Gesanges der Ilias, „Hektors Lösung", zerstreuen sich die Achaier nach der Trauerfeier des von Hektor getöteten Patroklos und begeben sich in ihre Nachtlager. Achilles jedoch findet keine Ruhe und kämpft mit seiner Trauer über den Verlust seines Gefährten „[...]; aber Achilleus weinte, des lieben Gefährten gedenkend, und nicht erfaßte Schlaf ihn [...]"[1]. Im blinden Zorn spannt er die Leiche des Hektor hinter einen Pferdewagen und schleift sie über den sandigen und staubigen Boden um das Grab des Patroklos herum. Zwar verhindert der Gott Apollo mit einer Art Schutzmantel, dass die Leiche äußeren Schaden nimmt und entstellt wird[2], dennoch führt Achilles die Misshandlungen fort.

Die Götter sind sich äußerst uneinig darüber wie mit der Situation umgegangen werden sollte. Während einige der Meinung sind man solle den Götterboten Hermes schicken um die Leiche des Hektor zu stehlen[3], bringen Hera und Poseidon ihre Missgunst für Hektor und Troja zum Ausdruck, da sie noch immer über die Blendung des Paris erzürnt sind. Apollo appelliert schließlich mit einer anklagenden Rede an die Götter endlich einzugreifen und die Schändung des Hektor nicht länger tatenlos hinzunehmen:

---

[1] Homer: Ilias. Übersetzung, Nachwort und Register von Roland Hampe, Stuttgart 2005, Gesang 24, Zeile 3 f
[2] vgl. Homer: Ilias. Übersetzung, Nachwort und Register von Roland Hampe, Stuttgart 2005, Gesang 24
[3] vgl. Homer: Ilias. Übersetzung, Nachwort und Register von Roland Hampe, Stuttgart 2005, Gesang 24

1

Furchtbar seid ihr Götter, zerstörerisch. Hat euch denn niemals Hektor Schenkel
verbrannt von Rindern und fehllosen Ziegen? Und nun nehmt ihr es nicht auf euch,
den Toten zu retten, [...] [4]

Trotz des Widerspruches der Hera entschließt sich Zeus nun Thetis, der Meeresnyphme und Mutter des Achilles, von den Schandtaten ihres Sohnes zu berichten und sie zu ihm zu schicken um die Freigabe des Leichnams an die Troer zu erwirken. Nachdem Thetis Achilles von dem Zorn der Götter berichtet hat erklärt sich dieser tatsächlich bereit Hektors Körper gegen ein Lösegeld freizugeben, weshalb Zeus nun die Götterbotin Iris zu Priamos, dem trauernden Vater von Hektor, schickt. Dieser soll sich mit reichlich Geschenken auf den Weg zum Lager der Achaier machen um die Leiche seines Sohnes frei zu kaufen („[...] und dem Achilleus Geschenke bringen, um ihn zu erwärmen [...]"[5]). Obwohl seine Gemahlin Hekabe große Zweifel an diesem Plan hat lässt Priamos Geschenke zusammen tragen und macht sich auf den Weg. Ihm wird Hermes als Begleitschutz mitgeschickt, um ihn ungesehen ins Lager der Achaier zu bringen[6].

Im Lager der Achaier angekommen, gelingt es Priamos nun die Leiche seines Sohnes zu lösen und außerdem eine elftägige Waffenruhe mit Achilles auszuhandeln, in der die Troer Hektor betrauern und bestatten können:

Wohl neun Tage möchten wir ihn in den Hallen beklagen und am zehnten bestatten,
die Speisung verteilen dem Volke, aber am elften sodann auf dem Grab den Hügel
errichten und am zwölften wiederum kämpfen, wenn es denn not ist.[7]

Als Priamos nun mit dem Leichnam Hektors nach Troja zurückkehrt wird dieser würdevoll aufgebart und von seiner Frau Adrochmache, seiner Mutter Hekabe sowie seiner Schwägerin Helena beklagt und betrauert. Bevor die Troer mit den Vorbereitungen für Hektors Verbrennung und Beisetzung beginnen versichert Priamos ihnen, dass sie keinen Hinterhalt der Achaier zu fürchten brauchen[8] und verweist damit auf die abgemachte Waffenruhe. Die Überreste des Hektor werden daraufhin in einer goldenen Truhe, die mit Purpurgewändern verhüllt wird und unter vielen Tränen von Freunden und Verwandten begraben.

---

[4] Homer: Ilias. Übersetzung, Nachwort und Register von Roland Hampe, Stuttgart 2005, Gesang 24, Zeile 33 f

[5] Homer: Ilias. Übersetzung, Nachwort und Register von Roland Hampe, Stuttgart 2005, Gesang 24, Zeile 176

[6] vgl. Homer: Ilias. Übersetzung, Nachwort und Register von Roland Hampe, Stuttgart 2005, Gesang 24

[7] Homer: Ilias. Gesang 24, Zeile 663 ff

[8] vgl. Homer: Ilias. Gesang 24

Die Helden

Im 24. Gesang treten besonders die Charaktere Achilles und Priamos in den Vordergrund des Erzählstranges. Achilles zeichnet sich dabei vor allem durch sein impulsives und stark emotionales Verhalten aus, welches sich auch schon früher in der Ilias beobachten ließ. Wie bei seinem Streit mit Agamemnon zeigt sich Achilles leidenschaftlich und übereilt, er hat seine Gefühle nicht im Griff und schändet aus Wut und Trauer die Leiche des Hektor („So misshandelte dieser im Zorne den göttlichen Hektor.")[9]. Immer wieder wird Achilles von seinen Gefühlen überwältigt und ein emotionaler Ausbruch ist zu beobachten. Als der trauernde und flehende Priamos zu ihm kommt wird Achilles von dessen Trauer angesteckt und bricht in Tränen aus, gemeinsam betrauern die beiden Erzfeinde ihre Verstorbenen:

Beide gedenkend, der eine des männertötenden Hektor weinte bewegt, vor den Füßen niedergebeugt des Achilleus, aber Achilleus weinte um seinen Vater, dann wieder um Patroklos [...][10]

Eine weitere, deutlich erkennbare, Eigenschaft des Achilles ist seine absolute Hörigkeit seiner göttlichen Mutter Thetis gegenüber. Auf ihre Forderung hin willigt er ein, die Leiche des Hektor gegen ein Lösegeld frei zu geben.[11] Achilles wird in diesem Gesang unter anderem als „Städtezerstörer" und der „schnelle Achilles" bezeichnet.

Priamos macht im 24. Gesang einen weitesgehend bedauernswerten Eindruck, er befindet sich in tiefer Trauer über seinen getöteten Sohn Hektor. Er zeichnet sich jedoch vor allem durch sein großes Vertrauen in die Götter aus, denn als Iris ihm den Auftrag erteilt sich zu Achilles ins Feindlager zu begeben zögert er nicht lange und macht sich trotz seines hohen Alters auf den Weg. Des weiteren lässt sich beobachten, dass Priamos Hektor seinen anderen Kindern stark vorzieht. In seiner Verzweiflung wünscht er sich, dass alle seine Kinder an Stelle von Hektor tot wären:

Eilt euch, ihr schlechten Kinder, ihr Memmen, o lägt ihr zusammen alle an Hektors Statt bei den schnellen Schiffen getötet.[12]

Priamos wird in diesem Gesang mehrmals der „würdige Priamos" genannt.

Obwohl Hektor zwar im 24. Gesang nicht mehr als handelnder Charakter vorkommt, zeigt sich doch in Äußerungen anderer Figuren welche Anerkennung er genoss. Er wird zum Beispiel als der „göttliche Hektor" bezeichnet, als „Hektor der Rossebezähmer" und als „Hektor der männertötende". Als dies gibt Hinweise auf seine unglaubliche Tapferkeit und seiner Verdienste als Krieger. Dass Hektor auch sehr beliebt und hoch geachtet war zeigt

---

[9] Homer: Ilias. Gesang 24, Zeile 22
[10] Homer: Ilias. Gesang 24, Zeile 508 ff
[11] vgl. Homer: Ilias. Gesang 24
[12] Homer: Ilias. Gesang 24, Zeile 253 f

sich unter anderem in den Trauerreden seiner Mutter und seiner Frau sowie in der festlichen Bestattung die die Troer ihm zukommen lassen.[13] Auch unter den Göttern war Hektor der „[...] liebste der Menschen die Troja bewohnen"[14].

Die Götter

Auch im 24. Gesang der Ilias ergreifen diverse Götter Partei für einen der Helden bzw. eine der sich bekriegenden Seiten. Vor allem Apollo, Iris und Hermes treten in diesem Gesang in Erscheinung, aber auch Hera und Poseidon machen ihre Standpunkte klar. Während Zeus sich weitesgehend neutral verhält und keine Seite favorisiert, macht sich Apollo, der Gott des Lichtes, des Frühlings und der Künste, weiterhin für die Troer stark. Vor allem die Schändung des Hektor durch Achilles ist ihm ein Dorn im Auge und durch seine anklagende Rede treibt er die anderen Götter schließlich dazu etwas zu unternehmen.[15] Außerdem schützt er den Körper Hektors durch einen goldenen Schutzmantel vor Entstellungen:

> *[...] und er umhüllte ihn ganz mit einer goldenen Ägis, das ihm der Pelide die Haut nicht schinde beim schleifen.*[16]

Die Göttergattin Hera und der Meeresgott Poseidon bleiben weiterhin auf der Seite der Achaier und sind strikt gegen Maßnahmen die Achilles zur Freigabe der Leiche bewegen. Vor allem Hera ist noch immer wütend auf die Troer, da sie den Paris geblendet haben. Der Götterbote Hermes steht eigentlich auf der Seite der Achaier, wird hier jedoch von Zeus dem Priamos zur Hilfe geschickt um diesen sicher und ungesehen ins Lager der Achaier zu bringen. Auch die Götterbotin Iris steht zwangsläufig auf Seiten der Troer, sie wird von Zeus gesandt um Thetis zu Achilles zu schicken und um Priamos zu berichten wie er Hektor frei kaufen kann:

> *Geh schnell hurtige Iris, verlasse den Sitz des Olympos, bring dem würdigen Priamos gleich nach Troja die Botschaft, daß er um auszulösen den Sohn, zu den Danaerschiffen kommt [...]*[17]

Die Parteien der Götter, die sich im Verlauf der Ilias gefestigt haben, bleiben auch im 24. Gesang weitesgehend unverändert.

---

[13] vgl. Homer: Ilias. Gesang 24
[14] Homer: Ilias. Gesang 24, Zeile 66
[15] vgl. Homer: Ilias. Gesang 24
[16] Homer: Ilias. Gesang 24, Zeile 20
[17] Homer: Ilias. Gesang 24, Zeile 143 f